당신을 생각하면 따뜻해집니다

당신을 생각하면 따뜻해집니다

우수옥 제4시집

세종출판사

| 시인의 말 |

  시는 음악이고 그림이고 선이 고운 춤이라는 말이 떠오른다. 그런가 보다. 시는 달 밝은 밤이면 구슬픈 퉁소처럼, 소나무 가지에 사뿐히 내려앉는 학처럼 나를 찾아온다. 바람 부는 날이면 바람처럼 찾아오고, 비 오는 날이면 비처럼 나를 찾아온다. 꽃 한 송이, 풀 한 포기도 저마다 애틋한 사연을 가지고 찾아온다.
  살아온 만큼 흘러가는 것들이 아쉬워서 쓰고 지난날이 그리워서 쓰고 내 인연의 모든 이들을 생각하면 눈물이 나도록 따뜻해서 쓴다. 하고 싶은 말, 가슴속 어딘가에서 밀려 나오는 말을 시라는 이름을 빌려 그것들과 대화를 나눈 것이다.
  시를 쓰노라면 하찮은 풀 한 포기도 새롭고 구르는 돌멩이도 정겹다. 어디 그뿐이랴, 시는 나를 비춰주는 거울이기도 하고 나를 가르치는 스승이기도 하다. 시를 통해 나를 들여다보며 자문자답한다. 그럴 때마다 시는 나에게 용서와 화해를 가르치고 돌아봄과 품어 안음을 가르친다.
  그렇다. 시는 나를 한시도 가만 놔두지 않는다. 오늘은 어떻게 살았느냐, 내일은 어떻게 살아갈 거냐고 물으면서 깊고 진지한 고뇌와 성찰의 세계로 몰아붙인다. 그래서일까, 시를 쓰는 시간이면 부처님의 염화미소가 무엇인지 어렴풋이 알 것도 같아진다. 인간과 인간의 사랑이, 그리움이, 고독이 무엇인지도 조금 알 것도 같아진다. 그리고 인생이 얼마나 어이없는 것인지도….

나는 일기를 쓰듯 시를 쓴다. 언제부턴가 시는 나의 동반자가 되어버렸다. 앞으로도 그렇게 살아갈 것이다. 그러나 나는 아직도 시가 무엇인지 모른다. 그저 흘러가는 구름처럼, 때가 되면 꽃이 피고 때가 되면 낙엽이 지듯 마음 가는 대로 쓸 뿐이다.

보잘것없는 작품을 출판하기 위해 애써주신 세종출판사 임직원님들의 노고에 심심한 감사를 드린다. 그리고 내가 쓴 시를 천하에 없는 보물인 양 아껴준 내 가족들에게 고맙고 사랑한다는 말을 전한다. 지금까지 나에게 지극한 사랑과 격려를 아끼지 않은 이들, 내가 존경하고 사랑하는 나의 벗님들과 나를 아는 모든 지인들에게도 이 기회를 빌려 사랑한다는 말을 전한다. 모두가 무탈 평온하기를, 행복하기를 소망한다.

2024년 가을에
부산 앞바다가 보이는 사무실에서
우수옥

| 차례 |

시인의 말 / 4

제1부 언제 또다시 오려나 이 길

못난 마음	15
초겨울	16
바다 등불	17
인연	18
가을비	19
겨울 새벽 향기	20
불빛은 바람 따라	21
허황한 마음	22
띄워 보내리	23
마음 하늘	24
겨울 일몰	25
빨간 동백	26
달아나고픈 마음	27
당신은	28
푹 안고 울고파라	30
그때 그 바람은	32
발원	33
반성	34
책임 있는 삶	35
구름 마음	36

제2부 당신을생각하면 따뜻해집니다

지난날 39
세월 꽃 40
마음 누이고 싶은 곳 41
홍매화 42
따숩게 햇살 안고 43
푸르름 속으로 44
목련 그리움 45
시냇가 햇살은 46
못난 기억들 47
진눈깨비 48
그리움, 그림 49
멍한 마음 50
주름진 손등 52
3월 53
봄이려오 54
새벽에 55
사월 56
마음속 거울 58

제3부 하늘이 더없이 맑아지면 눈물이 날 것 같아

아름다운 바람	61
내 맘 뜨락엔	62
석양의 꽃잎	63
오월	64
소망	66
봄 속으로	67
허공 속으로	68
봄비	69
불광이여!	70
꽃바람	72
칠월 청포도	73
가득가득 생각이	74
희뿌연 눈물	75
가로수 바람	76
가식 같은 마음	77
사월 초파일	78
많은 인연	79
연두 바람	80

제4부 누군가를 꼭 안고 행복하냐고 물어보고 싶다

한 해가 가고	83
세월 1	84
저녁 바람 회색 노을	85
그때 그 길 위에	86
행복 보따리	88
겨울나기	89
비로자나불	90
자연은	92
시선	94
마음 풀꽃	96
겨울 감꽃	97
그대 햇살이어라	98
횃불 같은 불빛들	99
모두 사랑하리	100
마음속 꽃이어라	101
잊은 날들	102
회색 구름 걷히고	103

제5부 가슴에 나무를 심고 머리에 꽃을 피우고

마음 가는 곳	107
나를 불러주오	108
감사하며	109
인연들	110
겨울바람	111
봄이런가	112
흘러가는 것들	114
겨울비	115
그믐달	116
겨울 물안개	117
아픔은 멀리	118
모든 것들	120
그대는	122
잘 가시게나	123
그리움 보내기	124
봄이여	125

제6부 구름 속에 가려진 해
가만히 손들어 내어올까

봄은 가까이	129
봄 향기	130
황홀	131
봄 내음	132
봄은 아직	133
연 날리듯	134
끝이 없는 길	136
세월 속에	137
봄, 외로움	138
봄이 오는 새벽	139
아픈 기억	140
무채색	142
석양	143
봄 언덕	144
연분홍 벚꽃	146
사월 그리움	147

• **작품해설 | 박정선 / 148**
　깊은 고뇌와 성찰은 인간을 고귀하게 만든다

제1부
언제 또다시 오려나 이 길

못난 마음

보이지 않는 알 수 없는
전생의 삶들은
가볼 수도 없는 이생인데

이생에 느껴지는
모든 일들이 가끔씩
기억의 문을 드나들고

아름답고 고운 일들은
생각 없이 흘러가고

우쭐대고 뽐냈었고
괴로운 일들은 원망하고
슬픔만 가득했지

돌아보면 못난 마음 죄스러워
다 던지면
이리도 가벼운데
놓지 않는 못난 마음

초겨울

겨울의 길목으로
추억이 흘러가고
사랑이 미소 짓고

못다 한 가을을 못 잊어
당신의 눈물이 낙엽에
눈물의 흔적이 어리고

귓가로 불어온 초겨울
그 바람 싸늘히 다가와
따뜻한 체온을 그리네

바다 등불

물에 어리는 가로등
불빛
아프게 가슴을 흔들어
출렁인다

밤바다
숨 막히는 아련함에
목이 메어온다

무대 위에
춤을 추듯 미끄러지고
하얀 드레스 펄럭인다

꿈도 사랑도
밤바다에 띄운 채
출렁이고 있다

인연

하늘 아래 산 아래
너도 살고 나도 살고

네 것도 아니고
내 것도 아닌데

그 많은
가슴앓이로 살았던가

저 멀리, 멀리 던져 놓고
놓아버리니
하늘은
더 푸르고 높기만 하네

인간 욕심
끝도 없고 서글프네

인연 법에 만난 인연
채로 쳐도 남아 있고
곱게 보듬어서
사랑으로 녹여보니
오색 빛깔 황홀하게
하늘 높이 날아가네

가을비

가을비 추적, 추적,
가슴도 추적, 추적,
적시며 감아쥔 지난날
골짜기 속에
쌓인 낙엽만큼 기억들이
그대 맞이하네

따습지 못한 일출도 외롭고
구름에 가려 숨어버린
그대 기억 속에 갇혀 있고

눅눅한 낙엽 더미 매캐한 내음
가을비 소리는
낙엽 위에 가슴을
갈아붙이는 묘한 소리를 내고

비에 젖어 뚝뚝 떨어지는
진한 갈색의 향기
끌어안아 콧등에 붙이면
나는야, 가을을
나는야, 가을을 품었다고
차가운 가을비
품속에 안아지고 사랑하고

겨울 새벽 향기

새벽 향기
바람에 날리고
겨울바람 콧등에 앉아
잠을 깨운다

손등 위에 머문
겨울 내음에 옷깃을 여미고
눈언저리 묻어온 그대
새벽길을 나선다

파도가 일렁거리며 달려오고
슬픈 몸짓처럼
짭짤한 소금기가 절여온다

가슴 깊이
쨍한 햇살은
시리도록 살갗을 베어 가고
높다란 건물 유리 벽에
창살처럼 반짝인다
얼음 알처럼
유리알처럼

불빛은 바람 따라

언젠가 또다시 오려나
이 길을 오려나
본 적도 없고
기억도 없는
불빛 속에 거리는 출렁인다

마음의 페이지 속
네온에 물들어
연분홍 진달래 바람에
묻어오듯 가슴에
물들인다

긴 가로등 불빛은
터널처럼 동그맣게
나를 감싸고

어두운 밤 불빛은
하늘 향해 쏘아 올린다

허황한 마음

뭣 하러 왔는지
뭣 하러 만나서
뭣 하러 사랑해
뭣 하러 미워서
뭣 하러 서러워

가슴이 조각조각
갈라져 쉴 새 없이 흔들고

종일토록 멍하니
기억이 하얗게 흩날리도록
허공 속에 왱왱 맴돌다
해는 뜨고 해는 지고
하루는 속절없이
무너져 내린다

가고 오고 머무는
쉼 없는 세월만 멍하니
바라보네

띄워 보내리

설레게 만든
모든 것들은
머물다 떠나면 제자리

동그맣게 자리는 패이고
기억들은 원을 그리며
강강술래
이다지도
길고 긴 여정일까

마음 누이고 싶은데
누덕누덕 기운 옷자락
등허리에 송곳처럼
파고드네

하늘 맑은 날
매듭 풀고 곱게 펴서
높은 바람에 날려 보내자

자주 고름
연분홍 댕기 휘날리며
강강술래

마음 하늘

고개를 들어 파란 하늘을
마주할 수 있어
행복합니다
늘 보는 것에
고마움을 모른 채 지나쳐 온
그 많은 세월은
나는 무엇에 혼을 빼앗겼을까
슬프고 외롭고 넘고 넘어야 할
그 많은 산들
기막힌 인연들의 절절함
나를 숨긴 채 소리치며
회한의 회색 하늘에
그냥 슬프기만 했었다
어느 날
내 눈 속에 파란 하늘이
높게 아름답게
들어와 있다는 것을 몰랐었다
모든 생각들은 얼마나
부질없고 허망한 것인지
파란 하늘은 환히 웃고 있다

겨울 일몰

아파했던 무리들은
어디다 두고 왔는지
하늘만 바라보네

석양에 저무는 하늘이
이토록 아름답고 소중해서
가슴만 뭉클해지고

무에 그리 애태웠나
무에 그리 미워서
무에 그리 원망만

하늘이 저렇도록 고운데
겨울바람 음악처럼
감싸 안아 껴안아 본다

어쩌라고
이 바람을 이 노을을

빨간 동백

모두의 마음은
천 가지 만 가지

겨울바람에 날리는 바람처럼
겨울 언덕에 빨간 동백꽃
얼어붙은 햇살에 빨간 동백

네 마음 내 마음
곱게 접어 빨간 동백에 묻어
수줍게 하늘을 본다

흐트러진 구름 조각들은
빨간 리본 매고 흐르네

겨울 언덕
겨울바람

빨간 동백
빨간 기억
잊힌 사랑

달아나고픈 마음

한 움큼 집어서
하늘 높이 날려라
아픔도 미움도 사랑도
아낌없이 던져 버리자

가슴이 텅텅 빌 때까지
인간은
수많은 행을 하고
원망도 하며
괴로움에 아파하고
천상은 존재하는지
우리를 보고는 있는 걸까

하루가 지나가는 게 무섭고
또 다른 현상이 이어질까
두려워
해 질 녘 하늘을 슬픈 눈으로
보고 있다
눈 뜨면 다 잊어버려
나도 없는
또 다른 세상이

당신은

당신을 생각하면
따뜻해집니다

광목천에 솜 넣어
밤새 누벼 만든
푹신한 솜옷처럼
몸도 마음까지
감싸 안고 있네요

가만히 기대어
토해 내고 울어도
지혜로운 당신

나를 보는 당신은
너무나 평온하고
이생과 전생과의
담담한 인과법
무심한 듯 설하시고
인자한 눈빛은
보이지 않는 나의

마음자리까지
따뜻이 어루만져
보리심 넉넉히
채워주시네

푹 안고 울고파라

해가 가고 달이 가는 게
눈 한 번 끔뻑하니
그 힘든 세월도 가더라

이 또한 지나가리라는
명언 같구나

코로나는 근 2년 넘게
붙어 떨어질 줄 모르고
우리 모두의 생활을
뒤죽박죽 흔들어 놓고 있고
슬프게도 인간은 그 속에 붙어
살고 있다

오늘처럼 따사한 햇살이
차창 밖에 기웃거리면
나뭇가지들의 물오름이
기지개를 켜고 뿌옇게
안개꽃처럼 피어 오른다

병마도 달아나고 하늘이 더 없이
맑아지면 눈물이 날 것 같아
누군가를 꼭 안고 행복하냐고
물어보고 싶다
자연처럼

그때 그 바람은

신작로 흙바람이 뿌옇게
외로운 몸짓으로
숨차게 불어온다
뿌연 바람에 옷깃을 추스르며
외로운 바람을, 사람을,
눈물겹게 안고 서 있다
모두가 집으로 찾아 들고
남겨진 슬픈 바람은
동그마니 올라와 있는
보름달이 울고프다
신작로 길 위에 쏴, 하고
바람이 지나간다
대문 닫는 소리 엄마 소리
아이들 머리띠가 하나, 둘,
신작로 길 위에
나풀대며 날아간다
그때 비추었던 보름달이
기억이 사랑이
신작로에 불던 그 바람이
그립구나

발원

전생의 빚쟁이 보았는가
전생을
알지 못할 그 길
가보지도 못할 곳
혹여 알까 덮고
인연 악연 다 인연
고행, 선행, 효행,
행하다 보면 선연
녹슨 마음 닦아
하심 하심 보살심
미련 중생 불심
종잇장같이 얇고
누덕누덕 기운
불심은 훤히 보여
바람 따라 날고
부서진 마음 세워
발언 불심 세워
일구월심 빌어서
기도 성불 받고
모든 빚 소멸하고

반성

함께 있어 즐거웠고 볼 수 있어 즐거웠다

세월 가고 마음 가고 아름다웠던 시절도

새털처럼 날아가고 섭섭함에 얽매이고

돌아보는 지혜심은 예전에 없던 것처럼

원망하고 미워하고 이기심만 가득한 채

아집으로 눈 가리고 앞 못 보는 마음의 눈

천둥 번개 내려치니 한 치 앞을 보지 못해

울며불며 매달리어 참회하고 돌아보네

책임 있는 삶

매일 반복되는
똑같은 일상이 얼마나
고마운 일인가를 알면서도
무심했었고
무심한 듯 지나치기도 하고
당연하게만 받아들이고
남의 일인 양
소홀한 마음이었고
준비도 없이 다가오면
왜 나한테만 하고
원망만 했었지

모든 게 자신의 불찰인 것을
나 몰라라 했고
인정하려 안 했지
자신만을 위한 삶이
우선이었다
지난 세월
돌아보고 또 돌아보는
지혜롭고 자비로운
자연이 되어보자

구름 마음

계절 오면 뭣하고
꽃이 피면 뭣하고
꽃이 지면 뭣하누

세월 오면 뭣하고
인연 만나 뭣하고
인연 간들 뭣하누

마음 아픔 뭣하고
마음 주면 뭣하고
마음 간들 뭣하누

허무한들 뭣하고
속상한들 뭣하고
기쁨인들 뭣하누

정녕 모를 심사야
꿈만 같은 심사야
구름 같은 심사야

제2부
당신을 생각하면 따뜻해집니다

지난날

소홀히
지나쳤던
지난날
가지가지
기뻐도 모자랐고
슬프면 억울했고
욕심은 끝이 없고
베풂은 손해 같고
사랑은 배고팠고
욕망은 높았었지

모자라 지혜 없이
겉치레 요란했던
젊은 날 돌아보면
이나마 깊이깊이
헤아려 뉘우치니

하늘에 감사하고
더한 맘 깊이 내어
모두를 사랑하리

세월 꽃

나랑은 너랑은
초원에 묻힌 꽃

이름도 향기도 모르네요

활짝 펴 기대어
곰살 곰살 속삭이다
당신 꽃이 이쁘다고 웃네요

살랑대는 바람에
콧노래 흥얼거려

꽃향기 내뿜고 한들거려
저만치 가는 세월을
하늘가에 그려 놓고

곱디고운 석양 물에
포옹하듯 안겨 있네요

마음 누이고 싶은 곳

긴 하루 끝에도 쉴 수 있는
그 무엇도 없었고
기대고 싶은 그 무엇도
초라한 마음
둥둥 떠다닐 뿐

창백한 하얀 벽 위에
기적 같은 꽃은 피워질까
푸근한 봄을, 들판을,
가슴 깊이 안아봤으면…,

차디찬 빙벽 같은
얼어붙은 마음 벽에
풍경 소리 울리는
산사의 고적함을 편안함을
품 안 가득
불광이 쏟아지는
자비의 햇살을 품 안에
가만히 안으련다

염화미소가
꽃비처럼 흩날려 오는
날을 기다리며

홍매화

홍매화
얼마나 잘 빚었는지
짙고 찰진 빨간 봉오리

사랑에 목마른 입술 같은
작고 이쁜 활화산 같은
꽃송이

찬바람에 도도하게
빨간 입술 오므리고
나를 유혹하네

홍매화 그늘에
얼얼하게 취해
가슴에 불 피우네

따숩게 햇살 안고

겨울답지 않은 포근함
초록빛 짙은
겨울철 봄동 같은
질긴 생명력 같은
겨울 햇살

언 가슴 녹이고
부벼댄다

새털같이 연약한
구름 속으로
햇살은 흐르고

낯선 거리
낯선 마음
낯선 인연

품 안에 꼭 껴안고
달래줄까 따뜻하게

푸르름 속으로

많은 날이 지나고
많은 생각이
바뀌어 가고 지나간다

하늘 푸른 캠퍼스 위로
계절이 묻어가고 지워지고
사랑하고 아파하고
그리워했던 절절했던
인연들과 만남은
보이지 않는 세계의 마술이었다

안아보고 밀쳐내고 당겨도 보고
헤아릴 수 없는 밤하늘의 별처럼
무수히 반짝이다 가곤 했지

아픈 웅덩이에 새싹이
초록빛을 띄우면 그리움은 날개 달고
멀리멀리 날아간다 잊혀져 간다

목련 그리움

2월은 애틋한 계절
넉넉한 햇살도
화려한 꽃망울도
아직은 기다리라 하네
바람은 봄기운을
살며시 뿌려줄 것도 같은
창백하고 고고한
당신 목련은
하얀 옷고름 입에 물고
다소곳이 고개 들어
창백한 웃음
이쁘게 눈 흘기고
아직도 당신이 그리운
나뭇가지에
물기운이 촉촉이
배어 오면 봉오리, 봉오리,
솜사탕 되어
그리움을 토하며 올 것만 같아

시냇가 햇살은

풀벌레 소리 흐르는
냇가에 앉아
햇빛이 비추는 대로
구름이 흘러가는 대로
바람의 반짝임을 느껴본다

사랑이 저만큼 흘러가는데
언제던가

기억에도 없는 풋사랑 같은
얄미운 감정들

길을 잃은 듯 찾아 헤맨다
냇가에 흘러가는 풀 소리는
클래식 음악
손등을 감싸고 적셔
가슴이 저려오는 그리움을
햇살에 날개 달아
이쁜 연 날려 볼까나
네모 연, 세모 연,
하늘 높이

못난 기억들

서경서경 씹히는
못난 마음 못난 기억은
찌뿌둥한 하늘처럼
꼬깃꼬깃 구겨져 있고

가녀린 한 줄기 빛이라도
품에 안을 수 있다면
해맑은 미소와
하늘을 보듬을 수 있는
자비를 꽃비처럼
뿌려 볼 텐데

넉넉한 마음 초롱불 같은
연등을 그리워한다

말랑말랑
보드랍게 씹히는
기억 속에 하늘은 샛노란
기지개를 켜고

품 안 가득 고운 향기
품 안 가득 솜사탕이 그리워

진눈깨비

젖은 마음
날개 달아 푸듯, 푸듯,
구름 걷힌 하늘가에
눈이 내린다

눈이 흩날리는 날엔
보고 싶은 마음
눈보라 되어 불어온다

아련한 그리움
진눈깨비 되어
가슴으로 휘날려 들고

차가움 서늘함은
따스한 그리움으로
품속에 녹아들고

그리움, 그림

그리움은
말할 수 없고
눈빛 가득 햇살 가득
그윽이 비치는 쓸쓸한
햇살 속에 음악처럼 흐른다

비어 있는 웅덩이에
이끼가 가득
그리움이 가득
가슴에 풀칠을 하듯
푸른 들판이 차오른다

두 손 휘저어
구름 같은 그리움을
잡아 볼까나

파란 하늘에 고운
기억들을 적어 볼까나

멍한 마음

겨울나무
맑은 하늘, 맑은 바람에
홀로 서러워 홀로 울고
마른 가지 부벼대며
쏟아지는 햇살 그리워하네

이생에 태어난 모든 것들은
그리워하고 후회하고
녹음이 짙은 여름날
따뜻함을 그리워하며
겨울 속에 멍하니 서서,

못내 아쉬워했던
실바람의 봄도
낙엽이 흩날리는 가을도
가슴에 자리 잡고
냉정하고 차디찬 바람이
나뭇가지를 흔드네요

바람아 불어라
옷깃을 여미고
황홀한 지난날 다독여
나뭇잎 생기 돋아
봄을 기다리자

주름진 손등

오늘따라 손등 위의 주름들이
또렷하게 보인다

이렇게나 많은 자잘한 주름들이
인생을 돌고 돌아
홈이 패인 듯 갈래갈래
이쪽 길은 깊었고
저쪽 길은 옅었고
수만 가지 일들이 묻혀 있는 듯
미로 같은 길들이 패어 있다

한 번도 손등을 눈여겨보지 않아
이 많은 길들을 잊고 있었나 보다

솜사탕처럼 폭신하고 부드러운
봄날 같은 손등은
그 많은 세월 속에 잊혀갔나
거울 속에 비춰진 손등은
서글프지만 사랑스럽다

3월

유혹하듯 3월은
가까이 가까이 숨을 몰아쉬며
다가온다

신선하고 상큼한 그녀
3월

벚꽃 잎 흐드러져
내 가슴 들이밀고
입맞춤 하던 날

하얀 꽃잎, 꽃잎,
송이, 송이,
무리 지어 유혹하고

분홍빛 속적삼 같은
황홀한 촉감의
안개 같은 설렘
곱게 보듬고 손끝으로
봄을,
그대를
안아본다

봄이려오

그대
3월을 안아보기도 전에
떠나려합니까
이제 한껏 취해
한아름 안아 들고 꽃 노래에 젖어 드는데
떠나려합니까
밤새 터져버린 꽃가지에
수줍은 봉오리 보석 같은
이슬 물고
그렁, 그렁,
눈 맞춤 포옹하고
살짝 오른 초록 잎에
하늘하늘 살랑살랑
초연 같은 봄바람에
사랑이
그대가

봄의 세레나데
마음을 두드려요
당신께
봄 향기 가득 드리렵니다

새벽에

늘 맞이하는 새벽에
별빛 하나 곁들이고
달빛 하나 보태어서
푸른 은하수 바람 가득 안고
가슴의 빗장을 풉니다
우주 법계
삼천 대천 구천 세계의
오묘함을
육근의 의식을 활짝 열어
새벽 그대를 모십니다
새벽 빛살 사이, 사이,
지혜와 현묘함이 손을 내밀어요
푸른 빛 안개와 같은
정갈한 새벽 빛살 사이로
부서지는 신비한 향연의 숲이
가슴을 물들이고
새벽달이 저만치 가고 나면
여명의 횃불을 높이 들어
가슴의 불을 밝히려 합니다
모두의 가슴에
지혜를 지피려 합니다

사월

사월의 꽃 무리
함박눈 내리듯 무리져
웃음 짓던 벚꽃님들
밤새 불어대던 봄바람에
훨훨 날아갔습니다

풋풋한
연둣빛 첫사랑 그대
고운 님 잎새들이
수줍은 듯 파릇파릇
소매 속에 스며들고
하늘거립니다

연정을 한아름 안아
초록 물에 담그려 하오
이제 막 피워 올린
말간 햇살이 가슴을 데우고
눈은 시리도록 푸르게
깊어 오겠지요

사월의 바람은
그네를 타고 당신의
눈물처럼 내 가슴에
파랗게 물들어 옵니다

마음속 거울

비칠 듯 비치지 않는
깊다란 연못 속에는
지나온 인생 꾸러미
꽁꽁 동여매어서
풀어도 풀리지 않은
질퍽한 마음 꾸러미

길고도 머나먼 길을
햇살은 쉼 없이 쏟아
해맑게 토닥거리니

어느덧 매듭 풀고서
지혜와 사랑을 담아
살포시 두 손 모으고
미련한 중생의 업장
참회와 보살심으로
배려와 사랑하는 맘
홀연히 갈아타고서
거울 속 환히 비추듯
영롱한 빛이 되리니

제3부

하늘이 더없이 맑아지면 눈물이 날 것 같아

아름다운 바람

그 바람이 내게 온 날
가슴속 깊은 진열장 속에
곱게 곱게 묻어 두고

푸릇한 기억들
감성들
행여 잊어질까
곱게 리본 매어
차곡차곡 묻고 보듬고

푸르고 푸른 날
유리알같이 맑은 날
소담스럽게 쌓여 있는
마음 가지들을
하나씩 둘씩 풀어놓으면

아름다운 바람이
나를 유혹해 갈지도 몰라

내 맘 뜨락엔

달빛이 쏟아지고
별빛이 흐르고

가슴 뜨락엔
아름다운 강이 흐르고
그 강 위에 아름다운
세월이 일렁이네

고운 밤, 고운 생각,
고운 님 고운 당신
빛 속에 묻혀

한가로이 유유자적
생각은 넘나들고
자유로운 영혼이 되어
이 생각 저 생각에

고운 님 가슴속
높이높이 훨훨
고운 빛 속에 날개 달고파
하염없이 강물 위를
헤이며 흐르고 있네

석양의 꽃잎

연분홍 장미 덩굴
내 맘을 칭칭 감고
가시처럼 강한
아름다운 송이송이
석양 속에 파고들어
6월을 노래하네

담벼락에 수없이 피워 올린
풋사랑 같은
꽃망울들이 일몰의
낙조에 정열을 불태우고

그 아름다움은
아!
향기 되어 가슴을 파고드네

해 넘어가
내 마음까지 훔쳐갈까 봐
눈을 감네

오월

하늘이 높은 날
나뭇잎들은 바람 따라
나부끼고 춤을 춥니다

아늑하고 평온한 마음에
찾아온 오월의 나뭇잎은
내 맘 설레게 하고
아름답다고 느꼈던
순수한 그때 그 계절
이맘때쯤이었나

상큼한 바람은 가슴이 저리도록
초록 물결을 몰고 왔었지

청량한 연두 잎 내음
물안개 같은 아련함
눈가에 귓가에 가슴속에
저리도록 묻어 있고

이팝꽃잎 흩날리던 산동네
하얀 마을이
싱그러운 오월 아름다워라
풋풋한 바람 연둣빛에 적셔지네

소망

하늘은 인간을
왜 태어나게 해
악연도 선연도
만나는 게 싫은데
끊임없이 윤회를 시키는 건지

깨닫지 못한 자는 죽어도
깨닫지 못하는데
하늘이 계신다면
헤아려 주시든지
이 모든 인과를 소멸해 주시든지
다시는 사바세계에
태어나지 않도록
할 수는 없는지요

부질없고 사연 많은 일들은
이생이면 족하오니
아무 원한 없이
이생을 마감하고 떠나게 하소서

봄 속으로

산허리 굽이굽이
하얀 나비 산을 메워
뽀얗게 흩날리는
라일락 꽃잎은
그 향기
산을 덮고
개울을 덮고
나를 안고
내 맘까지 훔쳐
홀릴 듯한 향기 속으로
가둬버렸네

진달래 당신은
연지빛 곱디고운 정열을
쏟아놓고 발갛게 발갛게
입맞춤하고

바람은
개나리 바람
노란 잎 잎에 물고
나두야 간다
봄의 절규 속으로

허공 속으로

느슨한 햇살의 따스함도
울적하고
느슨한 훈풍도 미웁고
가만히 서 있는 나무도
슬프구나

하얀 구름
바람에 떠밀리듯
목적 없이 흘러가고
시간이 멈춘 듯
멍하니 허공만 바라보네

흘러가는
세월은 구름에 묻히듯
꽁꽁 싸매어서
모두 흘려보내리
저 허공 속으로
느슨한 햇살도
느슨한 훈풍도
슬프지 않게
따뜻이 안으리
따뜻이 보내리

봄비

봄비야
하늘이 외로워 우나요
바람도 외로워 우나요
푸른 잎은 두 손 모아
온몸 푸르게 푸르게
촉촉이 적시울 때
사랑하는 연인처럼
가만히 가슴을 맞대어
봄비에 젖는구나
봄비야
하얀 기억 사랑비에 흠뻑 젖어
촉촉이 달려오는 봄비
푸른 잎 젖은 바람은
꽃바람 초록 바람
꽃다발 만들어 내 가슴
가만히 안겨 오네
봄비야
울먹이듯 뿌리고
사랑하듯 안기고
선율처럼 젖누나
봄비야,

불광이여!

꿈결 같은 그 길은
내 길이었나
내 품속이었나
내 전생이었나

바람은 자는 듯 고요하고
법당 앞 연산홍은
봉오리마다
빨간 염주가 소복하고
그 꽃잎 활짝 피니
염불 소리 가득하네

중생들의
염원이 하늘가에
올려지고
무심히 부는 저 바람은
향 내음이 가득 하구나
꽃바람에
목탁 소리 묻어오고

청량한 풍경 소리
마음까지 청청하니
연산홍 붉은 마음 불광빛에
녹아드네

꽃바람

빛나는 마음속에
찬란한 그대들이 있었고

고통의 마음속엔
아직 피지 못한 꽃봉오리
가녀린 꽃잎의 그대가 있네

솜사탕처럼 포근하고
달콤해 보이는 마음속에

계절이 흐르고 아픔의 흔적들이
송이송이 꽃비 되어 흩날려
아름다운 강이 되어 흐르고

햇살은 그윽하고
포근히 비추는데

묘한 유월의 꽃향기에
취하고 취해 지나온 날들이
꽃바람 되어 흘러갑니다

칠월 청포도

청포도가 익어갈 무렵
석양의 하늘 밑에

싱그런 포도알이
방울, 방울,

사랑을 노래하듯
석양빛에 반짝이는 포도알은
사랑에 취한 듯 익어있고

해 넘어가는 붉은 산 속으로
두둥실 알알이 춤을 추네

달이 뜨고
별빛이 부서지는
밤이면

은쟁반에 보석 같은
청포도가 하늘길 따라
주렁주렁 실에 꿰어
쏟아져 내릴 것만 같아

가득가득 생각이

싸한 바람 가슴 가득히 메우고
거침없는 외로움
파도 되어 몰려온다

깜박하고 넘어가 버릴
서산 해 같은 초라한 감성들
눈부셔 아팠고

흐믈거려 생각지 않던 떠나보냈던
세월도 석양에 구름 불태워 가면
말없이 눈시울 적시고

알싸한 슬픔이 석양 속에 묻히고
저 끝 흰 구름마저
붉게 물들이면

나도 함께 타들어
발갛게 발갛게 가슴 가득
불태워 넘어갈래요
안아줄래요

희뿌연 눈물

밝지도 어둡지도 않은
밤 같은 낮에

담벼락 담쟁이
우울해 보이고

하늘도 회색이고
햇살도 회색이고
바람도 회색이고

가로수 푸른 잎은
외로워 감싸 안듯 흩날리네

흩뿌리는 빗방울 속엔 눈물이
눈꺼풀 위로 손등으로
안개꽃처럼 날아오고
깜빡이면 눈물 되어 나리네

가로수 바람

항상 거닐던 길옆
가로수
세월 따라 무성하고
세월 따라 짙어지고
주위가 변하고 세월이
바뀌어도
그때 그 햇살은
그때 그 바람은
그때 그 하늘은
그때 그 구름은
그때 그 계절은
변함없이 가슴이 기억하고

불어오는 저 바람은
오늘도
나를 울리는구나

그 자리 그 인연들은
하나둘씩 떠나가고
가슴이 저리도록 불어오는
신록의 바람
가로수 길

가식 같은 마음

어제는 세상이 싫었고
미웁고 끝났었다

이제 진정 가야 할 시간이라고
뿌리치지 못하고 못했던
무에 그리 소중할 것도 없는
항상 바보 같은 제자리
또 돌아와 나를 본다

슬픈 내 모습
초라하고 파랗게 질려버린
허공을 맴도는 눈빛은
파란 안개가 피워 올라
핏기없는 가슴으로
글을 쓴다

손을 내밀고 그대를
보아요
밋밋하고 재미없는 그대
초점 없는 동공에
눈물이 보여요 가식처럼
하늘을 보아요
소리 질러 나를 잊어요

사월 초파일

중생들의 소원 담은
연등은
명패 달아 하늘 높이 올라가고
목탁 소리 향불은
중생들의 염원을 발원하고
바람 따라 나부끼는
중생들의 마음에
온갖 욕심 원망이
깨끗이 정화되어
색색 연등에 매달려
청정 하늘로 올라가네
두 손 모아
참회 진언 염불할 제
환한 미소 속에
자비와 지혜와 보살심으로
하늘 가득 연등 꽃이
만발하네

많은 인연

쏜살같이 달려온
인연들도
쏜살같이 떠나간
인연들도
허망하기만 하고
푹 패인 자리마다
꽃은 피는데
행복한 꽃
가련한 꽃
쓸쓸한 꽃
이 모두 인연들의
꽃밭인가
아름 따다 안아볼까
아름 따다 물어볼까
내가 아닌 또 내가
인연 따라
올 터인데
그 인연 조심스레
웃음으로 맞이하면
꽃내음이 가득한
인연들이 도처에 가득하구나

연두 바람

바람이 불어오는 그 자리
바람이 흔들고 간 그 자리

나무는 소리 없이 웃는다

계절은 잊지 않고
계절은 탐스럽게
계절은 내 곁으로
나뭇잎 당신은 고운 듯
눈웃음 흘리고

실바람 당신은 웃어요

온 동네가 파릇하니
연두 바람에 물들고

싱그러운 바람 소리
오월을 속삭인다

제4부

누군가를 꼭 안고 행복하냐고
물어보고 싶다

한 해가 가고

파란 하늘 둥근 구름
새털같이 날아가고

풋풋한 연정 담은
마음은 훈풍 싣고
당신께 훨훨 날고

한 해를 꼴딱 삼키고
아쉬운 가슴 토닥여
못다 한 마음 잊고서

포근한 일상 꿈꾸며
푸르른 날을 위하여

탐스러운 송이 꽃송이
부르고 피워 가슴에

맑고도 밝은 영롱한
푸름을 불러오리라

세월 1

따뜻한 눈길 속에 가만히
세월을 본다

흥겹지만 않은 일상들
뜨겁지 않은 열정
바라지도 않은
무거운 인연들

한결같은 세월 속에
묻어지고
포대기로 감싸듯
꼭꼭 동여매어
바람의 세월 속에
무거운 미련을 토한다

나무 끝에 연 걸리듯
이 마음에 울고
저 마음에 그리워하고
휙휙 저어
이 맘에 넣고 저 맘에 넣어
꼭꼭 눌러
파랑 하늘에 띄우리

저녁 바람 회색 노을

왜 이리 가슴이
아려오나요

애잔하고 먹먹한
회색 노을에
석양은 숨어들고

매일 건너는 대교의
어둠은 깜빡, 깜빡, 젖어 오고

하나, 둘, 불빛에
기억의 조각들이
하나, 둘,
불빛 따라 춤을 춘다

살짝 열어젖힌 차창으로
훅, 하고 스치는
바람은 신음소리를 내며
볼을 베고 달아난다

세월이 바람 따라
아프다고 소리치며
휘리릭…,

그때 그 길 위에

가을날 낙엽길 따라
머플러 날리며
코끝에 싸, 하고 울리는
코스모스 나부끼는
그 바람! 그 냄새!

낭만을 손에 들고
귀밑머리 날리는
긴 가로수 길
한없이 걸었지 무작정
좋았었다
단순하고 아픔 없는
고운 숨결은
청아한 사색 속으로
반짝이는 은구슬 같은
아름다운 길이었다
오로지
그 길 속에 서 있었다
바람은 아름다웠고
눈동자 가득

갈대꽃이 흰 물결로 가득했지
아 아름다운 그 길 위에
내가 서 있다
눈물 나게 그리워서

행복 보따리

묻어 두었던 근심 보따리
꼭꼭 눌렀던 아픔 보따리
모른 채 보낸 세월 보따리

풀어나 봤나 기억 보따리
넘쳐 나오는 미움 보따리
안아보았나 마음 보따리

꿈속이었나 생각 보따리

무심했었지 사랑 보따리

겁만 주었지 미련 보따리

활짝 펴 놓자 웃음보따리
던져 버리자 고통 보따리
가까이 와 준 행복 보따리

겨울나기

하늘이 얼어붙고
마음도 얼어붙고
바람도 얼어붙고

햇살은 얼어붙은 하늘가로
따뜻이 손 내밀어 웃음 주고
바닷물 눈부시게 비춰주고

따뜻이 부여안은 마음으로
온기가 전해져서 포근하게
겨울이 지나가게 염원하고

빠알간 열정으로 뿜어내어
고독한 온 누리를 활활 태워
빛고을 되게 하리 안으리라

비로자나불

항상 당신을 생각하면
봄을 생각합니다

잎새 바람 코끝에서
춤을 추고
황홀한 듯 취해오는
꽃방석 위에 나는
누워 있습니다

다정히 손 내밀면
연꽃 향기 가득하고
시린 듯한
가슴 열어젖히면
토닥거려 달아주시네

당신은
참 고운 분이십니다

하소연도 이리 많아
날이 새도록 밤새도록

투정 아닌 투정으로
어리석음 내보이고
보채는데

지혜롭게 확연하게
힘든 길도 아름답게

건강하게 사랑하게 만든
자비로운
당신이 있어 행복합니다

자연은

불빛은 음악을 타고 흐르고
빗물처럼
생각의 늪에 툭, 툭,
떨어져
빛살 되어 퍼진다

피를 토하듯
자연을 노래하고
다하지 못한 절절한
아름다움이 애절하다

외롭게 넘어가는
저 노을은 눈물 나게
아름다워 가슴 태우다
겨울바람이 안아 들고
넘어간다

냉랭한 칼바람에
서둘러 주황빛 뿜어내며
넘어가네

소리 없이
목 놓아 울고 싶다
부르고 싶어
온몸이 전율하는
자연의 노래를
노래하고 싶다

시선

나의 시선이 머무는 곳
늘 알 수 없는
처음 보는 길 어색한 길이지만

어딘가 익숙했던 곳
익숙한 향기

어딘가 편안했던 곳
애써 느끼지 않으려는지

겨울 동백꽃이
수줍게
이쁘게 웃어도
애써 눈길 주지 않는
매운 마음이 가득한지
마음은
매서운 겨울바람이런가

익숙한 길
익숙한 미소
익숙한 당신

시선이 머무는 곳
고와 보이고
따뜻해 보이는
정감 어린 그곳
시선 머무는 곳

마음 풀꽃

들에는 들꽃이
마음엔 풀꽃이 한아름

풀피리 물고서 들꽃이 춤추게
필릴리, 필릴리,

하늘은
나지막이 내려앉고
회색 꽃 옹기종기 낙조 속에
춤을 춘다

대교의 불빛은 흐느적거리고
못다 한 실타래 같은 미련의
실밥들이 툭, 툭,
불빛 따라 날아간다

어둠 속에
필릴리, 필릴리,
들꽃들이 춤을 춘다

겨울 감꽃

겨울답지 않은
매끄러운 바람 풍만한 햇살

뿌연 안개꽃 같은
구름 무리

감나무 가지 끝에
외롭게 달려있는 얼어버린
감들이
따뜻하게 와 닿는
하늘이다

가지 끝에 바삭거리는
몇 잎 남지 않은 초라함
누런색 코트 입은
나무줄기에

햇살이
눈부셔 따뜻한
가지 끝에 대롱대는 감들이
보석처럼 반짝인다

그대 햇살이어라

햇살이 느리고 게으르게
비춰 오는
겨울 한나절 햇살 바른 오후

모든 게
용서가 될 것 같은 포근함
마천루 창가에 반사되는
강렬한 햇살은
빛고을 되어 눈부시게
퍼져 온다

내 전신을 다 녹여버릴 따사함
얼음 같은 손마디 녹아내려
숱한 인생길
같이 했던 순간들

창 너머 스크린 돌아가듯
빛 되어 부서져 내린다
그리움도 미움도
아름다워라

횃불 같은 불빛들

우윳빛 하늘에 핑크빛 옷자락
펄럭이며 산속으로
해 넘어가네

어둑어둑
산 그림자

전구에 불들이
하나, 둘,
하늘은
회색빛에 물들어 가고

마음을 숨긴 듯
옷깃으로 마음을 덮고
먼 곳까지 발갛게 줄지어
웃고 있는
불빛 따라

별을 헤이듯
눈동자 가득
고독이 가득
횃불이 가득
출렁인다

모두 사랑하리

햇살처럼 살리라
불어오는 바람도
안으리라
따뜻이

염원하듯 바라고

새벽이면 하늘가
엎드리어
기도문
다하여도 모자라

행하고도 모자라
하늘 마음 모자라

마음 깊이 새겨놓은
고운 마음 다 같이
햇살 같은 사랑을

마음속 꽃이어라

가슴에 나무를 심고
머리에 꽃을 피워요

푸르른 하늘 향하는
가지에 새순이 돋아
이파리 이슬 머금고

파릇한 초록 내음에
가슴이 풍성해져요

생각이 초원에 묻혀
머리엔 이쁜 꽃다발
입술엔 이쁜 꽃송이

바람에 흩날리어서
오색 꽃 하늘을 향해
비단길 꽃비 내리어
사랑이 넘실거리네

당신은 꽃이 되어서
내 가슴 빛이 되었네

잊은 날들

꺼이, 꺼이, 목구멍을
토해 내듯

울음이 나오고
소리도 없는 눈물은
강을 이루네

기억도 없는 초라한 일들
기억 저편에 벌렁 누워
차디찬 가슴
부둥켜안고 옛일을 생각한다

저무는 해, 떠나가네
꽃잎 다 떨어진
꽃대는 앙상한 몸짓에

향기마저 메마르고 바삭거릴
인연들은 부서지고 날아가네
다시 오는 봄을 기다린다

회색 구름 걷히고

회색 하늘 회색 구름
우울하고 잔인하다

돌아보면 걷혀질까
주문 걸어 띄워볼까

무지갯빛 엽서 한 장
구름 뚫고 닿으려나

회색 구름 쪼개어서
오색구름 만들어서
동아줄에 엮어 엮어
꽃비 되어 뿌려져라

얼어붙은 마음속에
꽃 등불로 불 밝혀서
이 마음도 다스리고
저 마음도 다스려서
저무는 밤 다정하게

제5부

가슴에 나무를 심고
머리에 꽃을 피우고

마음 가는 곳

묵화를 그린 듯
하늘은 가라앉아 있고
가사 장삼을 입은 듯
초연하고 고요하다

불빛 따라 굼실대는 파도는
너울 따라 부서지고

가슴 시린 사연은
물보라 되어 하늘가로
가슴에 터널을 만들어

금빛 은빛 구슬
아름드리 굴려서

못다 한 마음 구석구석
다려내고 곱게 펴서
저 구름 속에
띄워 보내고

밀물처럼 밀려오는 겨울바람에
불현듯 스치는 따사함이여

나를 불러주오

이렇게도 흐린 날
응어리져 가슴 저리고
휘날려 온 빗방울은
시리도록 휘저어 댄다

촉촉이 젖은 나뭇잎들은
먼 산을 뽀얗게 물들이고
젖은 잎 가지, 가지,
하늘 향해 손짓한다

다리 위에는 흰 무리들이
슬프게 앉아 있고
말 못할 안개 같은 사연을
노래하는 것 같다

누군가
큰소리로 노래라도 불러주면
슬픈 마음 숨겨 놓고
함박웃음 지을 텐데

감사하며

인연 따라 강을 건넜고
저 푸르른 숲을
저 푸르른 바다를 얼마나
헤매고 나도 모를
이 자리에
무슨 인연으로 와 있는지

목 메일 때도 있었고
숨 가쁠 때도 있었고
너무 기뻐 눈물 날 때도
있었지

야속하다
무지한 게 인간이라
참회하지 못하고
섭한 마음만 한보따리

아름다운 자연은
당연하게 누리고
고마움은 남의 일
모든 것에 고마워하며
사랑하며 가리라

인연들

창가에 불이 하나둘 켜지고
정류장 가까이
사람들은 갈 길을 서두르고

기다리는 이
가야 하는 이

바람 부는 찻길 건너
웅성이는 중생들은 인연 따라
가는 건지 오는 건지

슬픈 얼굴 기쁜 얼굴
해는 저무는데
옷깃 여미고

누군가를 위해 서두르고
누군가를 위해 바삐 간다

종일토록 보고팠을
누군가를 위해

겨울바람

겨울바람에
마음까지 추운데 바람은
앙상한 가지도
앙상한 잎들도
송두리째 날려 보낸다

하늘은 청청한데
보이지 않는
바람은 왜 화가 났는지

일찍이도 터트린
매화 꽃, 목련화,
어떡하라고

개나리는
숨어 있으라고 해야겠다
바람이 잠들면
풀숲에다 말해야지
포근하면 나오라고
햇살 따라 꽃 피우게

봄이런가

매화꽃은
하늘에 매달아 놓은
붉은 꽃 등불

목련화는
바람에 외로워하는
하얀 꽃 등불

개나리는
노랗게 흔들거리는
노란 꽃나비

아카시아
흰 물결 가득 피우면
향기 꽃다발

진달래꽃
홍치마는 산마다 둘러앉고
봄이런가

벚꽃은 이 산 저 산
온통 물들이고
색시 같은
내 마음 싱숭생숭하여라

흘러가는 것들

나를 꼼짝하지 못하게 하는
것들이 있다

계절이 오는 바람 소리
계절이 오는 계절 내음
계절이 오는 하늘 풍경

나를
설레게 하고
기쁘게 하고
슬프게 하고
아프게 하고
가슴 달달하고
가슴 뭉클하고

가슴 먹먹했던 계절들이
강물이 흘러가듯
나도야 흘러간다
나도야 잊혀진다
계절아 바람처럼
그렇게 구름 가듯

겨울비

노천탕에 빗방울이
주룩주룩 내리고

바람에 실려 간 빗방울은
잔솔가지에 후드득
유리창에 후드득

보이지 않는
비구름은 무리 지어
바다 위를 맴돌고
파도는 거세게 울어댄다

일출은 빗속에 숨어 있고
검푸른 하늘가에
겨울비!
봄비처럼 추적추적
얼렸다 녹였다
손바닥 위에
빗물이 그렁그렁

그믐달

그믐달은 일출 건너
고즈넉이 외롭게 서 있고

바다 빛은
홍조를 띠우고

주홍빛 물감에
수평선 가득히
수채화 캠퍼스
겨울바람아 불어라

다홍빛 물감이
주르륵 붓을 휘감고
바다를 휘저어라

노 저어라
차가운 바람은
싫지 않게

뺨을 훔치고 달아난다
단숨에
해는 차오르고
그믐달은 구름 속에 숨었다

겨울 물안개

겨울 물안개는
바라만 보아도 슬퍼요
은비늘 같은 살얼음 위로
물안개는
뽀얀 아픔을 토하고
겨울 나뭇가지 사이로
봄을 재촉하는
물기운들이
하늘거리며 가지 위로
스며든다
가물거리는
기억 저편 숲속에
가지런히 놓인
세월의 옷가지들이
펄럭이며 춤을 춘다
아,
하늘가로 물가로
물안개처럼
안개꽃처럼
살랑대며 품에 안겨 온다

아픔은 멀리

내일은 없을 것이라
토했던 독하고 모진 말들은
인간은 묘하게
잊음이란 묘약으로
합리화하고
상처 나지 않게
철저히 포장한 마음자리
꼭꼭 원망으로
눌러 주고 미움으로
크나큰 자물쇠로 채워서
봄이 오고 여름 오고
가을, 겨울이
행여나 엿듣고 엿볼까
꽁꽁 싸매어만 왔지
어느 날
환한 빛에 어둠이 열리고
썩고 문드러진
흐므러진 분노의 뭉치들이
괴이한 냄새들이
문을 박차고 날아가기 시작하고

높이 높이
파랗게 개인 하늘가로
형체도 없이 가 버렸다
텅 빈 가슴엔 포근한 바람이
언제부터였을까 자리 잡고
있다는 것을,

모든 것들

매일 가는 길
매일 보는 길
매일 보는 하늘은
마음 따라 변하는
총천연색 스크린

무지개같이
꿈꾸는 파노라마였다가
메마른 잔디 위에 쓰러져
뒹굴다 지친
잡초더미 같은 길도 있고
음악이 흐를 것 같은
아름다운 길도
코끝을 간지럽히는
푸른 들판의 싱그러운 길도
일상의 즐거움이었다

매일 보는 바다는
하늘 따라
색깔이 변화무쌍하고

드넓은 모래사장은
크림같이 보드라웠다가
억세게 사나워서
자갈처럼 불퉁거리고
하늘의 구름은
외톨이다가 짝을 짓다가
바람은 순했다 강했다

이 모든 걸 사랑하는
마음으로
고왔든 미웠든 슬펐든
하늘, 바람, 구름, 길,
안으리라
사랑하리라

그대는

서향으로 향한 창들은
목을 빼어 들고
두 손 들어
빨간 모닥불을
보석처럼 불꽃을 피워 낸다

석류알이 터져
창을 적시고

넘어가는 석양은 하늘을
물들이고 태우고
활화산이 되어 타고 있다

아무것도 묻지 않은 채
빨갛게 빨갛게
나를 태우고
너를 태우고
속살까지 붉게 물들여
정열의 사랑을 노래한다

잘 가시게나

그 많은 인연
어이하고 떠나셨는가
그 많은 기억
어이하고 떠나셨는가
얼었던 강물도
녹아 흐르는 우수에
꽃 배에
오르셨는가

욕심 많아 보채던
사랑 많아 보채던
당신 마음 던지고
푸른 강물 노 저어
홀로 여행 가셨나

훌훌 던져 버리고
새 옷 단장 매무새

보고 보고 또 보고
어서 가시게나
꽃너울 예쁘게 쓰고
앞만 보고 가시게나
다 잊고 가시게나

그리움 보내기

그리움은 말을 하나요
그리움은 손짓을 하나요
그리움은 울음을 우나요

아무도 모르게
뒷동산에 올라 쨍하도록
불러본다

보이지 않는 마음은
어느 하늘 아래 있나요

꽃 피고 꽃 지고 떨어지는
마음 깊다란 그리움
은하계에 걸렸나요

아련하고 따사한 별빛 그 속에
고스란히 내어놓을
마음 골짜기에 묻었던
현란한 춤사위 같은
그리움들을
가슴에서 떼어 내어
은하계로 보내요

봄이여

봄은 가까이 왔는데
오롯이 느낄 수 있는
봄 내음은

아직 손에 잡히지 않고
하늘 높이 머물고 있다

두 팔 벌려
그대 안고 싶은 봄은
구름 속에 나무 속에
새색시처럼
수줍게 몸 사리고
봄비야 쏟아져라

빗장 열고 마음 열어
새순도 돋아나고 푸른 바람
볼을 스치면
아지랑이 속에 봄이

제6부

구름 속에 가려진 해
가만히 손들어 내어올까

봄은 가까이

구름 속에 가려진 해
가만히 손들어 내어올까

회색 구름 속
봄비가 막으려나

봄바람아 불어라
산들산들 유혹하듯

안겨주고 밀어 주니
구름은 연기처럼 흩어지고
마음의 꽃들은 하늘 향해
손들어 해를 내어오네

천지가 향내 가득한 바람
매화꽃 수줍어 연지 빛
개여울 물소리
햇살 따라 반짝이고
새싹 움트는 들판엔
봄바람 가슴 가득 설렘 가득

봄 향기

촉촉하게 부드럽게
불어오는 훈풍은 비와 더불어
가슴으로 감겨들고
산등성에 묻어 있는
안개비는
구름 따라 흘러가고 흘러오고

가슴 적셔 놓고 가실 그대
봄이시여

계절을 한 바퀴 돌아오시어
꽃님들을 품에 안고
이 품에 매화 꽃, 진달래,
저 품에 목련화, 개나리,
벚꽃잎 춤추듯 뿌려 놓고

향긋한 풀 내음 천지에
봄비 따라
바람 따라
꽃피리 풀피리 가슴마다
뭉긋한 그리움을 피워 주네요

황홀

시선이 가는 곳
멈추는 곳
모두 다 설레게 하고
숨 가쁜 아름다움이
밀물처럼 안겨 온다

짙은 구름 사이 흐르는
저 빛은 나를 얼마나
놀래키는지

아름다움은 또 얼마나
오묘한 천상의 조화는
먹구름 사이로 녹아들 듯
저 고운 색감은 하늘의
오케스트라

울리고 울리고
젖고 짖어서 녹아내린다
가슴은 이미 저 구름 사이로
날아가고 있다

봄 내음

봄이 오려는데
막으시나요
시샘하나요
아지랑이 피어오르는
들판 위에
안개 가득히
봄비만 그렁그렁
내 어깨 위로 손등 위로
봄 향기가
촉촉이 묻어오네요

구름 걷히고 바람 걷히고
새색시 볼우물 속에
수줍은 햇살이
꽃봉오리 되어
피워 오르네

향긋한 쑥 내음에
들판 가득
댕기 머리 흩날리며
대소쿠리 가득
봄나물이 그득하네

봄은 아직

아직은
봄을 내어주기가 싫어
이토록 거센 바람
몇 날이 지나도록 불어오고
여리디여린 꽃잎
날아갈까 두려워
구름도 바람에 쓸려가
눈부시게 파란 하늘은
냉정하고 쌀쌀하고
곱고 포근한 햇살은
바람에 둥둥 날아가고
가슴속 봄날은
기다리게만 하네

눈치 없는
곱고 발간 노을은
이 산 저 산 너머로
한 움큼 해를 안고
뉘엿뉘엿 넘어가네
바람도 안고 가려무나
봄이 오시게

연 날리듯

보지도 듣지도
말하지도
만나지도 기억도 없는데
흘러온 인생사는
흘러가는 인생사는
나를 되돌아보게 한다

숱한 세월
숱한 인연
숱한 사연
하늘에 연 날리듯
높이 띄워 놓고 가만히
연줄을 당겨 본다

파란 하늘 흐린 하늘
빗속에 마음 적신 일들도
어느 날 활짝 개어
높게 높게 연 날리고
깊고 깊은 골까지
햇살 가득 내려와

이제껏 품은
설움도 미움도 사랑도
인연 법에 놓아두고
헝클어진 실타래 풀어
맺힌 마음 연줄에 묶어
하늘 높이 날려 보내자

끝이 없는 길

가도가도 끝이 없는 길
가도가도 생각 많은 길

가도가도 미로 같은 길
에고에고 아픈 기억 맘
지고지고 짐짝 같은 맘
안고안고 뱉지 못한 맘

계절이 바뀌어 날아가려나
계절이 바뀌어 잊어지려나
계절이 바뀌어 웃어보려나

이제는 운명이 놓아주려나
이제는 운명이 풀어주려나
이제는 인연들 안아주려나

업장은 씻은 듯 소멸되리니
업장은 선업에 소멸되리니
업장은 기도에 소멸되리니

세월 속에

물끄러미 촛점 없는
시선으로 눈동자 가득
개울물 소리 바람 소리

초원 가득 그곳에
한없이 펼쳐진 나뭇잎 소리
풀잎 향 나를 안고
먼 길을 떠난다

정다웠던 해맑던 그곳으로
정원 속의 조용한 아침
새소리는 고왔고 아름다웠지

잔잔하고 호수 같은 바다
고운 생각은 한없이
물결 위로 춤을 추고
눈을 뜨니 내가 있고
눈동자 가득 세월이 가네

봄, 외로움

피아노 건반 위로
꽃잎 흩날려와
아름다운 선율 따라
봄 그대 방울방울
봄 향기 파릇파릇

하늘가에 맴도는 봄이시여
안개 가득 촉촉한
이슬 머금은 봄이시여
하염없이 바라보는 이 몸
즈려밟고 오소서 봄이시여

전율하듯 스치는
바람이여
끝내는 날 울리고 가네요

산 끝자락 맴도는
그리움이여
안개 가득 겹겹이 쌓인
구름 꽃 따라
음악은 흐르고
형언 못할 아름다운
그대 외로움이여

봄이 오는 새벽

새벽녘 봄바람
어여쁘고 설레게 해

동녘에 해돋이는
연지 빛 새색시 볼이런가

넘어가지 못한 초생달은
물끄러미 나를 보고
눈웃음 짓고

봄이런가 해풍에 봄 내음
굼실대는 새벽바람은 파도에
봄바람이 묻어 부서져 오고

잡힐 듯 와 닿는 설렘은
풋사랑 같은 초록 내음이
뽀얀 그리움 속으로
날개를 달고 날아간다

초생달은 가만가만 넘어가고
해안가 목련꽃은 하얗게 반짝이네

아픈 기억

음악은 가슴을 파고들어
헤집고 미어지듯
쥐어 비틀어 엉엉
울게 한다

얼마만큼 표현해야 애절한
이 가슴을 노래하랴
이 사랑을 노래하랴

마음자리 아픈 자리
어느 곳 어디에다 아듬어서
위로하리

날은 맑아 하늘은 높아
바람이 불어온다 아프게

멍울진 꽃봉오리
잎사귀 팔 벌려서
길게 줄지어진
노란 길을 따라

포근해도 슬프고 먹먹하고
살갗에다 찬 서리 부어지면
눈언저리 주르륵 쏟아지고

생각지도 않았던 지난 기억
서툴게도 찾아와 아프게 해

가깝지도 멀지도 않던 기억
계절 속에 불어와 허망하게 해

부질없는 욕심 속 망가져서
하늘 멀리 가기는 잘 갔는지

참회다운 참회는 올렸는지
고개 숙여 하늘을 어찌 보랴
따사한 빛 뿌려서 녹여가게

무채색

소리도 없이 마음도 없이
밤이 새도록 허공만 돌다

눈이 붓도록 울어대다가
동이 터오는 빨간 빛 속에
기지개 켜고 마음속 그곳
빗장을 연다 묵혀두었던

원망과 앙금 나란히 펴서
내 어깨 위에 날개를 달아
날려 보낸다

무수한 사연
채색되어서 꿈꾸듯 날아
은은하고도 수줍은 미소
하늘거리며 속살거린다

석양

넘어가는 해 창가에 부서지면
석양빛에 물들은
유리창마다
붉게 물든 엽서들이 날아들고

사연 많은 엽서들은
유리창마다
활활 불타올라
빨간 낙조 울음 운다

구름도 물들고
한 겹 두 겹 산들도 물들어
활활 태워
넘어간다, 붉게 붉게

봄 언덕

언덕 위에 새순들은 고개 들어
하늘 보고 햇살 향해
웃음 짓고

내 마음은 옹기종기 모여
봄 햇살에 응석받이처럼
흥얼거린다

냇가에 흐르는 물소리
벚꽃잎 떨어져
돌담 사이로 웃고 있고

노란 개나리 꽃잎은
시냇물에 적셨다 고개 들고
봄을 반짝이게 하고
취하게 하네

달아나버린 먼 기억들이
따뜻한 햇살에
한 장, 한 장, 넘겨지고

면사포 쓰듯
벚꽃 너울 쓰고
사뿐이 즈려밟고 오시옵고

그 바람
그 햇살
살갗에 각인 되어
아름답게 슬프게 설레는
봄 향기에
흠뻑 취해 아름다운 노래를
부르네

연분홍 벚꽃

연분홍 물길이 거리에
넘쳐 흐르고

수줍은 꽃잎은 부둥켜안듯
송이송이 바람에
날리운다

솜사탕 같은 꽃길은
달달하고 설레서 가슴속
깊은 곳 모셔 놓고

향긋한 첫사랑 같은
봄 내음에 취한다

분홍 잎 날리우면
봄눈 같은 사랑이,
바람이,
가슴을 부둥켜안아
꽃바람 봄바람
흠뻑 적셔 봄에 빠져들고

사월 그리움

사월을 사랑하고
사월을 노래하던
젊은 날 노트 속에

사월의 바람들은 하나같이
상큼하고 풋풋했었고
그 사월의 하늘 속으로
초록 잎 춤을 추고 날아갔었지

넝쿨마다 새순은 돋아나고
겹겹이 피어난 겹벚꽃은
꽃다발처럼 탐스러웠고
얄궂은 사월의 비바람에도
수정 같은 이슬 품었지
마음속에 별이 반짝이듯

사월에
입맞춤하고 세월이 가듯
무심천에 사월의
그네를 하늘 높이 달아
사월의 바다를 향해 날아가 본다

우수옥 시집 해설 평

깊은 고뇌와 성찰은
인간을 고귀하게 만든다

박정선(문학평론가)

1

먼저 우수옥 님을 시인이라고 부르기로 한다. 그는 이미 시인의 문턱을 넘어서도 한참 넘어섰기 때문이다. '시인'이라는 말은 시를 쓰는 사람에게 붙이는 명예로운 칭호이다. 예나 지금이나 문학을 하는 사람들을 문인, 또는 문사라고 부른다. 우리나라 조선 시대에도 문사(文士, 선비)라고 불렀다. 학문으로 입신한 선비라는 말이다. 벼슬길에 나가자면 과거를 봐야 했고 과거 시험은 모두 시를 짓는 일이었다. 선비들은 시를 짓는 학문에 평생을 바치면서 살았고 그들은 시문으로 사람을 평가했다. 우리나라뿐만 아니라 전 인류(세계)가 모두 그랬다.

인류는 시, 소설, 에세이 등 여러 가지 문학 가운데 시를 가장 고고하게 여겼고, 역사적으로 위대한 시인에게는 시성詩聖을 붙였다. 예를 들면 인도의 타고르를 시성이라 불렀고, 중국(당나라) 두보도 시성으로 통한다.(같은 당나라 시인 이태백은 시선詩仙이라 불렀다. 시선은 천재적인 시인으로 시를 쓰는 일 외엔 아무것도 생각하지 않는 사람을 말한다.) 따라서 문인 가운데 시인은 가장 고귀한 칭호로 통한 것이다.

현대에서 시인이 되는 길은 나라마다 등단 경로가 조금 다른데, 선진국들은 특별한 등단 절차 없이 책을 내면 시인, 또는 작가로 명명하게 된다. 시집을 내면 시인으로, 소설을 내면 소설가로, 에세이집을 내면 에세이스트로 부른다. 그런데 세계에서 우리나라와 일본만 등단 절차를 두고 있다.(우리나라는 일제강점기 때 일본의 전통을 아직까지도 따르고 있는 것)

해마다 전국 신문사에서 공모하는 신춘문예 공모에 당선되거나 여러 문학지에서 발굴하는 등단 코스가 그것이다. 그러나 우리나라도 예외가 있다. 선진국처럼 시집, 소설집, 수필집을 내면 문인의 반열에 이름을 올리게 된다. 현재 그런 문인들이 많다. 유명인들 가운데 그런 경우는 매우 흔하다. 대표적으로 유시민(전 국회의원) 씨도 등단 절차 없이 에세이집을 내어 작가로 통하고 있다. 더욱이 우수옥 시인은 시집을 네 권이나 출간했으므로 시인이라고 불러야 마땅하다.

2

우수옥 시인의 시를 읽고 무척 반가웠다. 남다른 개성과 수준 높은 시적 능력을 보여준 탓이다. 우연히 우수옥 시인의 시를 만났다. 나(필자)도 우수옥 시인님도 서로 알지 못한다. 다만 시로 만났을 뿐이다. 그런데 처음 낸 시집 『돌아보는 길, 돌아가는 길』의 머리글(시인의 말)과 약력을 보고 놀랐다. 시를 배운 적도 없거니와 등단한 적도 없기 때문이다. 그런데 작품은 가장 시적인 서정과 낭만이 존재할 뿐만 아니라 시인다운 고뇌와 성찰을 담은 철학이 응축되어 있기 때문이다. 일찍이 미국 평론가인 휠록(Eleazar Wheelock : 1711-1779)은 "참된 시는 깨달음의 수단이다"라고 했는데, 우수옥 시인의 시집은 참된 시의 모음집이라고 해도 지나친 말이 아니다.

머리말(시인의 말)에서 우수옥 시인은 시를 배운 적이 없다고 했는데, 사실 시는 배워서 되는 것은 아니다. 흔히 말하는 대로 예술은 타고난 재능에 좌우된다는 말이 맞는 말이다. 이번에 출간한 제2집, 제3집, 제4집은 시의 핵심인 비유법이 훌륭하게 표출되어 있다. 예를 들면 "애태우듯 숨어오지 마소서"(「오소서 봄이시여」)라든지 "설렘은 기다림이라 했는지요"(「겨울 문 살짝 밀어보니」), "구름 속에 가려진 해 가만히 손들어 내어 올까"(「봄은 가까이」) "하늘이 더없이 맑아지면 눈물이 날 것 같아", "정다운 꽃향기 속으로 기차를 타려합니다", "슬픈 목마름도 사랑하고 싶다" 등등은 비유법 가운데서도 가장 중요한 은유, 패러독스 아이러니가 뛰어나다.

무엇보다도 우수옥 시인의 작품은 작품마다 인간적

인 향기를 품어내는 감동을 안겨준다. 작위적인 것이 전혀 없으면서도 수준급의 상징 이미지가 드러나 있기 때문이다. 그러니까 우수옥 시인은 남이 흉내 낼 수 없는 독특한 아우라(Aura)를 가지고 있는 것이다. 그리고 우수옥 시인의 작품은 연륜의 깊이를 보여주면서도 젊다. 시가 젊다는 것은 세상을 바라보는 의식이나 시적 정서가 나이에 지배받지 않고 신선하다는 것을 말한다. 생각이 옛날, 구식에 머물지 않고 그래서 구태舊態하지 않고 새롭다는 것을 말한다.

　　설렘은 사랑이라 했는지요
　　설렘은 기다림이라 했는지요
　　설렘은 보고픔이라 했는지요

　　겨울 문 살짝 밀어보니
　　아…,
　　저만치 가까이 봄 내음이
　　뭉클뭉클 가슴에 파고들어요
　　감당하기 어려운 이 바람은
　　설레도록 멍하게 풋풋합니다

　　상큼한 풀 내음이 아리도록
　　휘감아 옵니다

　　설렘은 초연이라 말할래요
　　설렘은 바람이라 말할래요

설렘은 당신이라 말할래요
　　　　　-「겨울 문 살짝 밀어보니」 전문

　인용한 작품 「겨울 문 살짝 밀어보니」는 겨울 끝자락에서 이제 막 봄이 시작되는 시점을 보여준다. 먼저 첫 연에서 원관념 봄이 오는 설렘을 보조관념 "사랑, 기다림, 보고픔"으로 은유한다. 설렘은 말 그대로 떨림이며 어떤 상황에 대한 감격이다. 그리고 두 번째 연에서 문제의 문장 "겨울 문 살짝 밀어보니"는. 자연현상으로 겨울이 끝나는 것을 표현한 것으로 신선한 충격을 안겨준다. 또 하나 두 번째 연에서 "감당하기 어려운 이 바람은/ 설레도록 멍하게 풋풋합니다" 역시 범상치 않은 표현이다. 감당하기 어려운 바람이나 너무 풋풋하여 멍해진다는 것은 싱그러움에 대한 감격을 역설逆說 법 즉 패러독스로 보여준 것이다. 이러한 패러독스는 이 작품에서 뿐만 아니라 작품 전반에 걸쳐 나타나고 있다.
　그리고 이 작품의 기승전결은 흔히 사용하는 일반적인 순서를 따르지 않고 감정이 솟구치는 감격에 따라 노정한다. 즉 봄에 대한 설렘을 먼저 발설한 다음 봄의 실체를 드러낸다. 그런 다음 설렘에 대한 답을 내린다. 첫 연에서 설렘은 사랑, 기다림, 보고픔이었다면 마지막 세 번째 연에서는 초연, 바람, 당신이라고 말하겠다고 밝힌다. 결론적으로 이제 막 시작된 봄은 설렘으로 가득한 사랑으로 귀결되는 것이다. "겨울 문 살짝 밀어 보니"의 '살짝 밀어보니'라는 발상도 남다르다. 보통 '활짝 열어젖히니'로 하기 때문이다. '살짝'과 '활짝', '밀어보니'와 '열어젖히니'와의 차이는 상당한 거리가 있고 느낌이 전혀 다르다. 살짝 밀어본다는 것은 엿보는 듯한 이미지와 아직 겨울이 잔존하고 있는 상태를 말해준다면 활짝 열어젖히니는 이미 겨울이 물러가고 봄이 삼라만상에 퍼져있는 상태를 말해주기 때문이다. 그리고 위의 작품에서 보여주듯이 종결어미 " ~ 했는지요"라든지 " ~ 말할래요", 또는 "낙엽 바람/ 가슴에 담으리까/ 가슴에 품으리까/ 눈 속에 넣으리까"(「시월」) 등과 같은 " ~ 리까" 식의 표현은 젊은 어조이면서 낭만주의 성향이라고 할 수 있다.

3

그러나 전반적으로 우수옥 시인의 시 세계는 고독을 바탕으로 하는 관조적인 시각과 과거를 반추하는 그리움과 독실한 종교(불교)적 성찰로 이루어져 있다. 사실 고독하지 않으면 시를 쓸 수 없다. 고독하고 냉철한 자기 성찰이 아니면 시를 쓸 수 없다. 어디 시뿐이랴, 집중을 요구하는 학문도 마찬가지다. 그런데 고독은 인간이 태어나면서부터 짊어지고 나온 일종의 운명 같은 것이다. 따라서 에밀 시오랑(철학자, 에세이스트, Emil Cioran, 1911-1995)은 "만약 세상에 삼고가 존재하지 않았다면 석

가여래는 세상에 나타나지 않았을 것"(『태어났음의 불편함』)이라고 했는데, 고독은 인간에게 필요한 정신적 세계로서 혼자만의 즐거움이다. 고독은 혼자서 어떤 세계를 여행할 수 있는 자유로운 정서이기 때문이다.

그런 탓에 고대로부터 철인들이나 시인들은 기꺼이 고독을 즐기면서 고독을 열정의 힘, 성찰의 힘이라고 강조했다. 고독은 한층 독립적인 탓에 무엇이든지 자유롭게 생각할 수 있는 여건을 제공해주기 때문이다. 고독 속에서만이 사람은 자기 자신을 발견할 수 있다. 이런 이유로 아리스토텔레스는 최고의 인생은 관조적(정신적으로 매우 높은 사유하는 삶)인 삶이라고 했다.

고독은 그런 것이다. 어떤 이유로든 고독은 정신적으로 혼자임을 말한다. 문제는 혼자 무슨 생각을 하느냐이다. 혼자(alone)라는 것, 오직 나 한 사람 즉 올 원(all-one)은 최고의 순간과 최악의 순간을 모두 체험할 수 있는 상황에 있게 되는데, 에밀 시오랑은 혼자 있을 때의 긍정적인 한 가지 예로 글쓰기의 순간을 들었다. 시오랑은 "지금 이 순간, 나는 혼자다. 무엇을 더 바랄 수 있으랴. 이보다 더 강렬한 행복은 없거늘, 그렇다. 고독에 귀 기울이는 행복은 침묵의 힘을 받아 한층 더 불어난다."고 고독의 순간을 피력했다. 시오랑뿐만 아니라 니체(F. W. Nietzsche, 1844-1900)는 "고독 속으로 피하라"했고, 릴케(R. M. Rilke, 1875-1927)는 고독이 그대에게 슬픔을 불러일으킬지라도 고독을 끌어안아야 한다고 강조했다. 이 모두가 생각다운 생각을 하기 위해서이다. 고독은 사유와 성찰을 상징한 탓이기도 하고, 고독이 내포하는 힘이 인간을 그만큼 성숙시킨 탓이다. 그래서 창작자는 고독을 동반자처럼 맞이하게 되고, 우수옥 시인의 작품 역시 깊은 고뇌와 사유가 시를 이끌어간 것이다.

> 가고 나면 잊혀질까
> 가고 나면 보고플까
> 짓이기고 뭉그러진
> 슬픈 기억 그리울까
>
> 낡아 버린 가슴에
> 비수는 왜 그리 소나기 되어
> 퍼붓는지
> 하늘도 무심하시지
> 조금 행복하고 많이 슬프고
> 웃음 뒤에 날카로운 비수는 번뜩이고
> - 「회색 하늘」 중에서

함께 어우러져 살아야 하는 사회적 동물인 인간의 삶에는 배신이 있고 아픔이 있다. "하늘도 무심하시지/ 조금 행복하고 많이 슬프고"라는 진술처럼 기쁨은 순간이고 아픔은 길다. 이것이 삶의 본질이며 인간의 아이러니다. 『잠 못 이루는 밤을 위하여』 저자 칼 힐티

(Carl Hilty, 1833-1909)는 이런 것을 두고 "만사에 있어서 그 것을 잃어버렸다고 말해서는 안 된다."고 말한다.

> 만사에 있어서 그것을 잃어버렸다고 말해서는 안 된다. 설사 그대의 가족이 죽었더라도 그것은 돌려보낸 것이요. 그대의 재산을 빼앗겼다면 그것도 돌려보낸 것이다. (…), 그대에게 준 자가 다시 찾아간 것에 불과한 것인데 그대와 무슨 상관이란 말인가, 그가 그것을 그대의 소유로 맡기거든 그것을 다른 사람의 것인 양 지녀라, 하룻밤 잠을 청하는 나그네가 숙소를 생각하듯이.
> - 칼 힐티의 『행복론』 중에서

"하늘도 무심하시지"라는 원망은 인간의 힘으로 어찌할 수 없는 상황, 형편을 만났을 때 자연스럽게 흘러나오는 일종의 독백이다. 칼 힐티는 인간이 너무나 소중한 것을 잃어버렸을 때, 인간 개개인이 지닌 모든 것은 사실 처음부터 자기 것이 아니라는 것을 강조한다. 신이 맡겨두었을 뿐이라는 것이다. 만약 그렇게만 생각할 수 있다면 어떤 배신을 당해도 어떤 소유를 잃어도 절망하지 않을 수 있다. 그런데 그런 생각은 아무나 할 수가 없다. 시인이나 철학자들만이 접근할 수 있는 범위라고 할 수 있는데, 우수옥 시인의 작품은 "설레게 만든/ 모든 것들은/ 머물다 떠나면 제자리"(「띄워 보내리」)라든지 "내 것도 아니고 네 것도 아닌데"(「인연」)라는 진술에서 그 가능성을 보여준다.

하늘 아래 산 아래/ 나도 살고 너도 살고
// 네 것도 아니고 / 내 것도 아닌데
// 그 많은 / 가슴앓이로 살았던가
// 저 멀리, 멀리 던져놓고 / 놓아버리니
하늘은 / 더 푸르고 높기만 하네

- 「인연」 중에서

"네 것도 아니고 / 내 것도 아닌데 // 그 많은 가슴앓이로 살았던가"고 뒤돌아보는 성찰은 모든 욕망에서 풀려나 비로소 자유를 얻은 마음의 휴식을 보여준다. 그리고 그 휴식은 "저 멀리, 멀리 던져놓고"고 바라본 하늘은 "더 푸르고 높다"는 것을 증명한다. 또한 시집의 첫머리에 나오는 머리말을 참고해보면 우수옥 시인은 곧 80세에 달하는 나이를 먹었다. 살아온 만큼 갖가지 회한과 그리움이 쌓이게 마련이다. 따라서 시인은 "그때는 그냥 좋았고/ 한참, 한참, 지나/ 그리울 줄은 몰랐다"(「가고픈 그 길」)라며 지난날을 그리워하거나 "그 나이 땐 / 그게 최선이었지 / 그 속에 헤어나지 못하고 / 더 깊은 미로 속으로 / 가는 줄도 몰랐네/ 세월을 저만큼 돌아보니 / 모두가 부질없는 일들이었네/ 찢기고 부서진 허무한 것들"(「부질없는 생각들」)이라고 회한에 찬 고백을 한다.

그러나 문학은 자가 치유의 효용을 가지고 있다. 특

히 시가 그렇다. 그것을 우리는 카타르시스라고 부른다. 이 말은 그리스어의 원어로 '정화하다'라는 의미를 가지고 있는 철학 용어이다. 정화淨化는 말 그대로 씻어내는 것, 즉 배설을 말하는 것으로 주로 종교에서 사용되었다. 그러나 이 말은 종교보다는 문학으로 유입되어 문학의 전용화가 된 지 오래다. 즉 문학 창작을 통해, 내면의 갈등과 상처와 혹은 욕망을 치유하는 것을 말한다. 어느 시인이 "흔들리지 않고 피는 꽃이 어디 있으랴"(도종환)라고 했듯이 꽃도 피자면 시련을 거쳐야 하고 상처를 입게 마련이다. 상처가 없는 것은 살아있는 생물이나 존재가 아니다. 인간은 혼자가 아닌 탓에 누군가와 부딪치면서 살아야 하고 견뎌야 하고 그러자면 상처를 입게 마련이다. 문제는 상처를 무엇으로 어떻게 치유하느냐가 중요하다. 시인은 시로 자가 치유를 하는 사람들이다. 인간의 삶을 유심히 바라보는 관조의 삶은 자신을 치유할 능력에 다름아니다.

4

니체는 "깊은 고뇌와 성찰은 인간을 고귀하게 만든다"(『인간적인 너무나 인간적인』)고 했다. 우수옥 시인의 작품을 읽으면서 니체의 말이 떠오른 것은 매우 자연스러운 일이다. 그의 시는 곧 사유 깊은 고뇌이고 성찰이며, 그는 니체 같은 철인들이 소망한 것처럼 최대한 인간답게 살기를 소망하기 때문이다.

사람은 태어나 단 한 번만 살 수 있는 원게임(One Game)의 삶을 살아야 하고, 누구에게나 똑같이 하루 24시간이 주어진다. 인간은 누구나 소중하게 살기를 원한다. 인간에게 주어진 단 한 번만의 게임에서 인간은 끊임없이 어떻게 하면 '가장 인간답게, 살 수 있는가.'에 대하여 고뇌한다. 사람이 고귀하게 산다는 것, 즉 인간답게 산다는 것은 매우 중요한 일이다. 인간답게 산다는 것에는 가시적이고 물질적인 형이하학적 측면과 정신적인 차원인 형이상학적인 두 가지 측면이 있다. 어느 것이 더 중요하고 덜 중요하다고는 말할 수 없다. 기찻길의 두 개 레일처럼 이 두 가지가 평행하게 조화를 이루어야 이상적인 삶을 성취할 수 있기 때문이다.

시를 쓴다는 것은 삶을 고귀하게 이끌어가는 노력이다. 그리고 매우 행복한 일이다. 시에는 진리가 숨어 있는 까닭이다. 낭만파 시인들 가운데 한 사람인 셀리는 "시는 최상 상태에 놓인 마음의 가장 훌륭하고 행복한 순간의 기록이며, 한 편의 시는 영원한 진리로 표현된 인생의 의미"라고 했다. 최상 상태의 가장 훌륭하고 행복한 순간에 흘러나오는 시 한 편은 그야말로 인간이 추구하는 가장 아름다운 이상일 수밖에 없고, 그것을 셀리는 영원한 진리로 표현된 인생의 의미라고 말한 것이다.

그렇다면 시를 창작하는 시인은 고귀한 존재일 수밖

에 없다. 따라서 한 사람의 시인이 탄생한다는 것은 한 생명이 탄생하는 것과 같은 의미를 지닌다. 그리고 시인이 작품을 발표한다는 것은 인생의 진리를 소개하는 일이며 진리는 다름 아닌 산고産故의 결과물이다. 따라서 데카르트는 그 유명한 코기토의 원리 "나는 생각한다, 그러므로 존재한다"를 주창한 것이다. 즉 인간은 사유함으로써 진리에 닿을 수 있다는 것이다. 우수옥 시인의 시는 독자들을 사유의 세계로 성찰의 세계로 이끌고 가기에 충분하다. 시집 출간을 축하하면서 다음 작품을 기대한다.

우수옥 제4시집
당신을 생각하면 따뜻해집니다

초판1쇄 발행 2024년 11월 15일

지은이 우수옥
펴낸이 이길안
펴낸곳 세종출판사

주소 부산광역시 중구 흑교로 71번길 12 (보수동2가)
전화 051 − 463 − 5898, 253 − 2213~5
팩스 051 − 248 − 4880
전자우편 sjpl5898@daum.net
출판등록 제02-01-96

ISBN 979-11-5979-725-5 03810

정가 15,000원

이 책은 저작권법에 따라 보호받는 저작물이므로 무단전재와 무단복제를 금지하며,
이 책 내용의 전부 또는 일부 내용을 재사용하려면 사전에 저작권자와 세종출판사의
동의를 받아야 합니다.

* 잘못된 책은 교환해 드립니다.